# Wolfgang Amadeus
# MOZART

## EXSULTATE, JUBILATE

### (K. 165)

for Soprano Solo and Orchestra
with Latin text

VOCAL SCORE

K 06332

# Motette
## „Exsultate, jubilate"

W. A. Mozart, K. V. 165

**Recitative**

Ful_get a_mi_ca di_es, jam fu_ge_re et nu_bi_la et pro_cel_lae; ex_or_tus est ju_stis in ex_specta_ta qui_es. Un_di_que ob_scu_ra regnabat nox, sur_gi_te tandem lae_ti, qui ti_mu_i_stis ad huc, et ju_cun_di au_ro_rae for_tu_na_tae frondes dex_te_ra ple_na et li_li_a da_te.

**Larghetto**
*con espressione*

Tu vir gi num co ro na, tu no bis pa cem

do na. tu no bis pa cem do na. tu con so lare af

fe ctus, un de su spi rat cor. Tu vir gi num co

ro na. to no bis pa cem do na, tu

no bis pa cem do na, tu con so lare af

Tu vir _ gi_num co _ ro _ na, tu no _ bis pa_cem do _ na, tu no _ bis pa _ _ cem do _ na, tu con _ so_la_re af _ fe _ ctus, un _ de su_spi _ rat cor, _ un _ de su_spi _ rat cor. Tu vir _ gi_num co _ ro _ na, tu_ _ no_bis pa_cem do _ na, tu_ _ no_bis pa_cem do _ na,

Cadenza ad lib.

Allegro non troppo

Al_le_lu_ja, al_le_lu_ja,___ al_le_lu_ja, al_le_lu_

ja, al_le_lu_ja, al_le_lu_ja,___ al_le_lu_ja, al_

le_lu_ja, al_le_lu_ja,

al_le_lu_ja, al_le_lu_ja, al_le_lu_ja, al_le_lu_ja,